Do original da língua inglesa
THE STORY OF PRODIGAL SON
© C.R. Gibson Company

Revisado conforme a nova ortografia.

9ª edição – 2011
4ª reimpressão – 2023

Tradução: *P. Abramo*
Revisão de texto: *Paulinas*

Nenhuma parte desta obra poderá ser reproduzida ou transmitida por qualquer forma e/ou quaisquer meios (eletrônico ou mecânico, incluindo fotocópia e gravação) ou arquivada em qualquer sistema ou banco de dados sem permissão escrita da Editora. Direitos reservados.

Paulinas
Rua Dona Inácia Uchoa, 62
04110-020 – São Paulo – SP (Brasil)
Tel.: (11) 2125-3500
http://www.paulinas.com.br – editora@paulinas.com.br
Telemarketing e SAC: 0800-7010081
© Pia Sociedade Filhas de São Paulo – São Paulo, 1990

A História Do FILHO PRÓDIGO

Alice e seus amiguinhos
Iam à escola, todo dia.
Depois das aulas brincava,
Com eles se divertia.

Tinha ela um livrinho
Que era o seu favorito;
Um livro de histórias da Bíblia
Contendo desenhos bonitos.

Um dia leu uma parábola
Que Jesus conta aos cristãos.
Tem por nome o "Filho Pródigo",
É a história de dois irmãos.

Recostada em sua cama,
Lia seu livro favorito,
Quando chega um pombo-correio,
Com uma carta onde está escrito:

"Ler é a chave que a vai levar
Aonde você quer estar."

Seu livro, então, se transforma
Em uma enorme tela;
E Alice entra na Bíblia,
Passando por essa janela.

Um homem tinha dois filhos,
O mais jovem lhe dizia:
"A minha herança, papai,
Hoje mesmo eu queria!"

Com o pedido do filho
O pai ficou bem sentido.
Mas no outro dia cedinho
O moço já tinha partido.

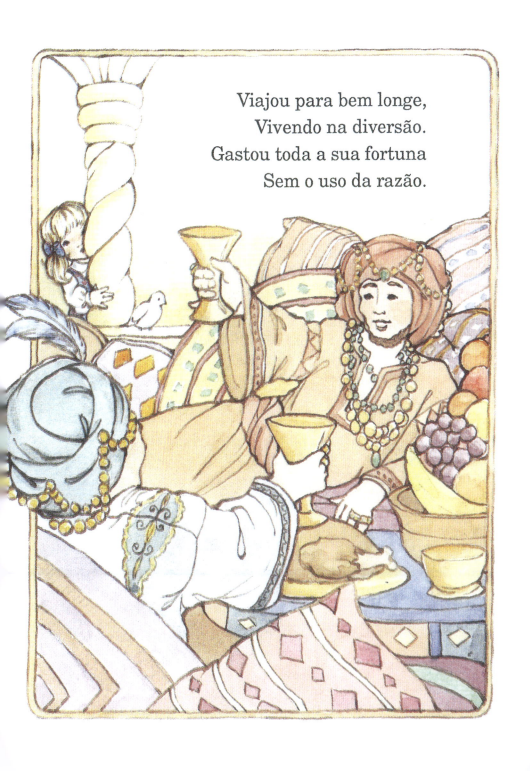
Viajou para bem longe,
Vivendo na diversão.
Gastou toda a sua fortuna
Sem o uso da razão.

Lá na terra onde estava
Veio grande carestia.
Ele agora sem dinheiro
Passa fome todo dia.

Cuidar de porcos foi tudo
O que conseguiu arrumar,
Pois precisava trabalho
Pra seu sustento ganhar.

Até os restos de comida
Proibiam de tocar.
O patrão guardava tudo
Para os porcos engordar.

Sentindo-se muito triste,
Por suas ações erradias,
Viajou para a sua terra.
A viagem durou dias.

O rapaz lhe foi dizendo:
"Pai, fui tolo, fui cruel,
Não sou mais um digno filho;
Pelo que você sofreu."

Mas o pai pediu aos servos,
Em meio a alegre pranto,
Sandálias e anéis para o filho,
E o mais bonito manto.

"Meu filho estava perdido,
Agora foi reencontrado.
Pensava que fosse morto,
Ei-lo aqui em bom estado."

"Vamos assar um novilho
E juntos comemoremos!
Temos de agradecer,
Cantemos todos, dancemos!"

À tarde, o filho mais velho,
Voltando de sua fadiga,
Percebeu que celebravam,
Ouviu música e cantiga.

Um dos servos lhe contou
O que estavam celebrando:
"É o seu irmão mais moço
Que agora está voltando".

O mais velho sentiu raiva;
Não compreendia, afinal,
Por que festa para o jovem
Aventureiro do mal.

"Meu filho", disse-lhe o pai,
"É seu tudo o que me resta;
Sempre esteve aqui comigo;
E sua vida foi honesta".

"Mas num dia tão feliz,
Só podemos celebrar!
Seu irmão estava perdido
E voltou para ficar!"

"Pensei que estivesse morto,
Mas se encontra em bom estado;
Tive medo de perdê-lo,
Mas está recuperado."

Era chegado o instante,
Alice devia voltar.
Deixou o Mundo da Bíblia,
Retornou para o seu lar.

"Muita coisa aprendi
Com o que aconteceu.
A história de Jesus
Mostra o caminho de Deus."

"Pois sempre que arrependidos
Mostramos fé no Senhor,
Ele nos dá boas-vindas
E abençoa no amor!"

Alice no Mundo da Bíblia

Novo Testamento

A história da multiplicação dos pães e dos peixes
A história da ovelha desgarrada
A história da Páscoa
A história de Jesus e seus discípulos
A história de Paulo
A história do Bom Samaritano
A história do Filho pródigo
A história do Menino Jesus
Pai Nosso
Preces e ação de graças

Rua Dona Inácia Uchoa, 62
04110-020 – São Paulo – SP (Brasil)
Tel.: (11) 2125-3500
http://www.paulinas.com.br – editora@paulinas.com.br
Telemarketing e SAC: 0800-7010081